ORAISON FUNEBRE

DE TRES-HAUT,

TRES-PUISSANT ET TRES-EXCELLENT PRINCE

LOUIS XIV.

SURNOMMÉ LE GRAND,

ROY DE FRANCE ET DE NAVARRE.

Prononcée le Mercredy vingt-septiéme Novembre, dans l'Eglise Cathedrale de Chartres.

Par Monsieur GONTIER, Docteur de Sorbonne, Chanoine, Theologal de cette Eglise.

A CHARTRES,

Chez ANDRE' NICOLAZO, Imprimeur-Libraire,

Et se vend A PARIS,

Chez GABRIEL MARTIN, Libraire, ruë S. Jacques.

ORAISON FUNEBRE

DE TRES-HAUT,

TRES-PUISSANT ET TRES-EXCELLENT PRINCE

LOUIS XIV.

ROY DE FRANCE ET DE NAVARRE.

Fuit Magnus secundum nomen suum, Maximus in salutem Electo-rum Dei, expugnare insurgentes hostes.

Il a été Grand selon le nom qu'il portoit, tres-grand pour le salut des Elûs de Dieu, capable de vaincre les ennemis qui s'élevoient contre lui. Au Livre de l'Ecclesiastique C. 46.

ONSEIGNEUR,

Pour être grand par le nom, par la naissance, ou par l'empire, on ne l'est pas toûjours par la valeur,

Monseigneur Charles-François de Montiers de Merinville Evêque de Chartres.

A ij

ou par la vertu : la couronne la plus éclatante, loin de donner un vrai merite, ne sert que trop souvent à faire paroître avec plus d'éclat la foiblesse du Souverain qui la porte. Il faut des presens du Ciel, des Heros de la terre, des prodiges de grandeur pour en soûtenir le poids, & plus encore pour en relever la gloire. Mais où les trouver, après la mort d'un Prince dont le monde étonné n'a peut-être jamais assez parfaitement connu le merite, dont la France consternée ne pourra jamais assez déplorer la perte? Elle est renversée cette Colonne qui soûtenoit ce Roïaume avec tant de fermeté; elle est éteinte cette Lumiere qui paroissoit en Israël; il est éclipsé pour toûjours ce Soleil qui heureusement levé sur la France, brilloit avec tant d'éclat dans l'Univers.

Fuit, il a été : mais, ô profondeur! ô abîme impenetrable des jugemens du Dieu vivant, seul Roi immortel de tous lessiecles! il n'est plus ce Vainqueur des Nations, ce Pacificateur des peuples, ce Protecteur des Souverains, ce Destructeur des heresies, ce Défenseur de la Religion, ce Constantin de nos jours, cet autre Theodose, ce nouveau Marcien, ce digne heritier de la Couronne & de la gloire des Clovis & des Charlemagnes. *Fuit magnus*, il a été : mais, ô foiblesse! ô misere! ô neant des grandeurs humaines! il n'est plus ce grand Prince que l'on a tant de fois representé au-dessus de sa naissance par l'élevation de son ame, au-dessus de son Empire par la sagesse de son gouvernement, au-dessus de ses victoires par la grandeur de son courage, au-dessus des autres Rois de la terre par la superiorité de son merite, au-dessus du reste des hommes par toutes les émi-

nentes qualitez du corps & de l'esprit réünies dans sa
Personne sacrée, & qu'une providence plus reservée
ne fait que disperser dans les mortels. *Fuit magnus secundum nomen suum.* Il a été ; mais helas ! malgré les soupirs
& les larmes des Officiers desolez, des Princes attendris, des Princesses consternées, de toute la Cour en
proïe à la douleur, en peu de jours, en peu d'heures
impitoïablement effacé par la mort, du nombre des vivans, pourrai-je le dire sans en être penetré de tristesse
& de regret ? & vous fideles & zelez sujets d'un si
grand Roi, pourrez-vous l'entendre sans m'interrompre ? il n'est plus cet auguste Monarque pour qui les
plumes les plus sçavantes, les bouches les plus sacrées,
les Poëtes les plus excellens, les Orateurs les plus accomplis ont emploïé tant de fois les traits les plus éclatans de l'Histoire & de la Fable ; à la gloire de qui l'éloquence & la poësie allarmées, après avoir mis en œuvre toutes leurs figures & leurs artifices, ont avoüé
tant de fois leur insuffisance ; jusques à ne trouver pas
même le nom de Grand assez énergique pour exprimer sa grandeur.

Ne vous en étonnez pas, Messieurs, à le bien prendre, ce n'est point l'art qui loüe comme il faut les
hommes extraordinaires, c'est la nature. Ce n'est point
la force des paroles, c'est l'excès de la surprise. Le silence & l'admiration de l'univers ont pû seuls durant
sa vie commencer son éloge, comme celui du Conquerant de l'Asie, *siluit terra in conspectu ejus* ; la tristesse
& la consternation de ce même univers, ou du moins
les regrets, les soupirs & les gemissemens de la France
éplorée, pourront seuls dignement l'achever après sa

1 Mach. c. 1.
v. 3.

mort ; puifque le deüil aufli bien que le Panegyrique doit répondre au merite des perfonnes, felon l'Oracle de l'Ecriture, *Fac luctum fecundum meritum ejus.*

Eccli. c. 38. v. 16.

Foible dans mes idées, plus foible encore dans mes expreffions, je m'arrêterois ici, Meffieurs, fi la parole des hommes étant épuifée, je ne pouvois avoir recours à la parole de Dieu-même, finon pour celebrer les loüanges, du moins pour expofer les merveilles d'une vie au-deffus de tous les éloges. Rappellez donc à votre efprit les paroles de mon texte ; vous y remarquerez dans le portrait d'un Prince, qui après avoir vû les murs de l'infidele Jericho tomber au fon de fes trompettes, & le foleil à fes ordres s'arrêter dans fa courfe, pour éclairer fes victoires, triomphant partout des ennemis d'Ifraël, le conduifit heureufement jufques dans la Terre promife : vous remarquerez, dis je, les traits glorieux de TRES-HAUT, TRES-PUISSANT, TRES MAGNANIME ET TRES-RELIGIEUX PRINCE LOUIS XIV. SUR-NOMMÉ LE GRAND, ROI DE FRANCE ET DE NAVARRE.

Josué c. 6. v. 20.
Josué c. 10. v. 13.

Il a été grand fur le Trône aux yeux des Peuples, *Fuit magnus fecundum nomen fuum* : c'eft ma premiere Partie. Il a été grand à la tête des armées aux yeux des Puiffances ennemies, *expugnare infurgentes hoftes* : c'eft ma feconde Partie. Il a été grand & très-grand dans l'Eglife aux yeux des Fideles, pour le falut des Elûs du Dieu vivant, *maximus in falutem Electorum Dei* : c'eft ma troifiéme Partie. Ainfi dans l'une, des Peuples gouvernez par fa fageffe ; dans l'autre, des ennemis foudroïez par fa valeur ; dans la derniere, l'Eglife édifiée tout enfemble, & foûtenuë par fa Religion, vous reprefenteront premierement fes vertus politiques & civiles, enfuite ſes vertus militaires & heroïques, enfin ſes vertus morales & chrétiennes. Dans la premiere Partie vous le verrez couronné par les mains de la Sageſſe ; dans la ſeconde vous le verrez couronné par les mains de la Victoire ; dans la troiſiéme vous le verrez couronné par les mains de la Religion ; glorieux comme les Salomons & les Conſtantins ſur le Trône, genereux comme les Davids & les Theodoſes à la tête des armées, Religieux comme les Joſias & les Loüis dans l'Egliſe.

C'eſt vous ſeul Souverain Maître du Ciel & de la terre qui avez fait regner ce grand Prince, qui l'avez fait vaincre, qui l'avez porté à ſoûtenir votre Egliſe, à ſe purifier de ſes fautes, à édifier les Fideles par ſa Religion. C'eſt pourquoy, Seigneur, je ne crains pas de l'avancer ; ſi je l'enviſage ſur le Trône, c'eſt pour admirer l'image de votre ſageſſe & de votre grandeur : ſi je le regarde à la tête des armées, c'eſt pour reverer les effets de votre puiſſance & de votre juſtice ; ſi je le conſidere dans l'Egliſe, c'eſt pour benir, pour loüer pour exalter l'ouvrage de vos bontez & de vos miſericordes. Inſpirez-moi donc, ô mon Dieu ! afin que vos faveurs & vos graces devant ſervir de fondement à cet éloge, votre verité devant en être la regle, votre gloire à laquelle vous nous avertiſſez de rapporter toutes choſes, en ſoit le terme & la fin.

1. Corinth.
10. v. 31.

PREMIERE PARTIE.

SI les peuples doivent honorer les Souverains comme leurs peres, leur obéir comme à leurs maîtres, les reverer & les craindre comme leurs Legiſlateurs & leurs Juges : les Souverains à l'exemple du Roi des Rois, modele infiniment parfait dont ils ont l'avantage d'être les Miniſtres, ſelon ſaint Paul, inſtrumens glorieux de ſes faveurs envers les innocens, de ſes vengeances envers les coupables, ſont-ils les maîtres de leurs ſujets? ils doivent être pleins de lumieres pour les conduire avec prudence. En ſont-ils les Peres? Ils doivent être pleins de bonté pour les traiter avec douceur. En ſont-ils les Juges auſſi-bien que les Legiſlateurs? ils doivent être pleins de droiture & d'équité, pour les juger avec juſtice.

Rom. c. 13. v. 4.

Peuples, à ces traits neceſſaires pour rendre un Prince veritablement grand ſur le Trône, venez reconnoître la grandeur du preſent que le Ciel avoit fait à la terre, & que la mort lui a ravi depuis peu dans la perſonne de LOUIS XIV. Venez reconnoître votre Roi: Et quel Roi? Un Prince ſorti de la famille la plus auguſte, heritier de la premiere Couronne de l'univers, enfant de prieres & de larmes, auſſi-bien que les Iſaacs, les Samuels, les Jean-Baptiſtes, objet fortuné des ſoupirs & des vœux de la France, don du Ciel encore plus que de la terre. Un Prince, & ſi j'oſe me ſervir de ces expreſſions figurées, un Joſeph fruit précieux de l'alliance heureuſe d'un juſte *a* Jacob & d'une pieuſe *b* Rachel, dont la naiſſance ſuivie de celle d'un *c* Benjamin cauſa d'autant plus de joïe à ce Roïaume, qu'elle en avoit été plus long-temps attenduë, plus ardemment deſirée. Un Prince aimé de ſes enfans, cheri de ſa famille, adoré preſque de ſes ſujets pendant plus de cinquante années, redouté de ſes voiſins, victorieux de ſes ennemis, eſtimé de ſes Alliez, honoré des ſouverains Pontifes, reveré de tout l'Univers. Un Prince favoriſé comme le premier Roi d'Iſraël & le premier Empereur Chrétien,

Geneſ. c. 30

a LOUIS LE JUSTE.
b La Reine ANNE D'AUTRICHE.
c MONSIEUR, Frere unique du Roy.

de

de l'exterieur le plus majestueux, destiné, ce semble,
pour l'empire du monde entier, comblé de plus d'avantages & de perfections, qu'il n'en falloit autrefois aux
plus grands Heros de l'aveugle gentilité, pour meriter
des Autels, qu'il n'en faudroit aujourd'hui, pour être
élevé sur le Trône, si l'on n'y arrivoit que par le merite. Venez voir cet autre Constantin, ce nouveau Salomon glorieusement couronné par les mains de la
Sagesse.

A peine a-t-il heureusement dissipé comme le Soleil,
par ses regards, les orages & les tempêtes de la rebel-
lion qui avoient d'abord ébranlé son Trône : à peine
y est-il monté, que faisant évanoüir par ses raïons, les
nuages qui avoient terni la gloire de la France, l'on
voit avec étonnement en peu de temps par ses soins
changer en mieux la face de ce Roïaume. Dans ces années où l'on se fait si souvent un amusement de ses devoirs, une espece de devoir de ses amusemens, aussi maître de ses sujets par ses excellentes qualitez, que par sa
naissance, il ne connoît point d'autre bonheur que celui
de procurer aux dépens de ses plaisirs & de son repos,
la gloire & le bonheur de ses Etats. Ne parlons ici ni
du nombre, ni de la pompe de ses Palais magnifiques;
ne touchons ni la grandeur, ni la beauté de ses jardins
delicieux : ne disons rien ni des montagnes abbattuës,
ni des rivieres détournées, ou transportées sur les montagnes, ni de tant d'autres merveilles de l'art & de la
nature, qui font également l'admiration de ses Sujets
& des Etrangers. Laissons à des bouches profanes le
soin de relever ces monumens superbes, mais perissa-
bles de la magnificence des Heros. Arrêtons nous à

des monumens moins éclatans, mais plus durables &
plus folides de leur veritable gloire, où la magnificence
de concert avec la fageffe, ne ferve qu'à leur faire remplir plus magnifiquement leurs devoirs. C'eft peu pour
celui que nous pleurons, d'avoir procuré la fûreté,
l'abondance & la beauté à la Capitale du Roïaume,
d'avoir rendu la plûpart des rivieres propres à la navi-
gation en faveur du negoce, d'avoir glorieufement
achevé la jonction des Mers, où l'on a vû autrefois
échoüer la grandeur & la puiffance des Romains, malgré tous leurs efforts; au milieu du tumulte même &
des horreurs de la guerre, il s'applique à l'établiffement
du Commerce Maritime avec autant de foin que le
plus fage des Rois au milieu de la paix la plus profonde,
il y réuffit avec autant de bonheur.

J'en appelle aux genies les plus vaftes, les plus fu-
blimes & les plus experimentez dans le gouvernement
des Etats; depuis les cedres du Liban jufqu'à l'Hiffope,
je veux dire depuis les chofes les plus grandes, jufques
aux plus petites, échappe-t-il rien à fa prévoïance ou à
fes lumieres de ce qui peut être important ou avanta-
geux à la France?

Ce n'eft pas affez pour lui d'introduire la difcipline
militaire dans les troupes & dans les armées, de foû-
tenir par la fageffe de fes reglemens la gloire des Uni-
verfitez, & d'occuper une partie du peuple aux travaux
les plus utiles & les plus neceffaires dans les Manufa-
ctures auparavant inconnuës dans ce Roïaume. Si les
chemins élargis tranquillifent les voïageurs; fi lespau
vres de la campagne font délivrez de l'oppreffion des
riches; fi les François autrefois décriez pour la marine,

devenus aussi redoutables sur la mer que sur la terre, éfrayent les Nations ennemies, si nos Ports couverts de Vaisseaux les étonnent, si nos Fortifications si régulieres mettent nos Frontieres à couvert de leurs insultes, si la France à l'ombre des Lis , comme la Judée paisible à l'ombre de ses Vignes & de ses Figuiers, *3. Reg. c. 4, v. 25.* malgré les troubles de la guerre, qui désolent les Provinces étrangeres aux depens de quelques subsides, goûte toûjours les douceurs de la Paix. Quelle est l'intelligence favorable qui préside à ces salutaires influences ? Quel est l'Auteur ? Quelle est la cause de ces heureux changemens ? N'est-ce pas la prudence de LOUIS LE GRAND, ou plûtôt n'est-ce pas la droite du Tres-Haut, qui l'a donné dans son amour *Psal. 75. v. 12.* à la France, comme Salomon à Israël, pour y operer tant de merveilles, & pour faire du Royaume le *2. Paralip. c. 1. v. 9.* plus chrétien, le Royaume le plus florissant de l'Univers ?

Et certainement que de differentes Academies, ou *L'Academie Françoise,* érigées par ses ordres, ou soûtenuës par sa munifi- *Les Académies des Inscriptions, des Sciences, des Arts, &c.* cence ou honorées de sa protection, y ont fait succeder le travail à l'oisiveté, la politesse à la barbarie, la discipline au desordre, la valeur à l'emportement, les lumieres à l'ignorance. En quel endroit du monde, fût-ce dans Athenes ou dans Rome , a t-on vû tous les Arts cultivez avec plus de soins, fleurir avec plus d'honneur ! En quel siécles, fût-ce ceux d'Alexandre ou d'Auguste, a-t-on vû les belles Lettres & les Sciences enseignées avec plus de methode, triompher avec plus d'éclat ! En quel Royaume les personnes distinguées par le merite, ont-elles été plus distinguées par

les récompenfes; les places les plus élevées de l'Eglife
& de l'Etat, ont-elles été plus dignement remplies?
On y remarque des Helis & des Samuels dans la Ma-
giftrature, des Judas Machabées, & des Jonathas dans
les Armées, des Abigaïls & des Mardochées à la Cour,
des Benoifts & des Bernards dans les Cloîtres, des
Onias, des Pauls & des Borromées dans l'Eglife, du
moins nous en avons vûs, nous en voyons encore tous
les jours briller avec un nouvel éclat, les vertus à nos
yeux dans l'Ange * vifible commis à la garde de ce
vafte Diocefe.

* M. l'Evê-
que de Char-
tres.

Ainfi le Roy établit-il le bon ordre dans fon Empire, ainfi en procure-t-il la gloire. Y eut-il jamais
un Souverain plus habile à juger des talens, à diftri-
buer les Dignitez & les Emplois, à ménager les efprits, à s'infinuer dans les cœurs, à former fes réfolu-
tions, à cacher les fecrets de fon Confeil, à prendre
fes mefures à faire executer fes projets? Plus propre
pour infpirer de l'ardeur aux indolens, du courage
aux timides, de l'efperanc aux braves, de la confiance
aux innocens, de la crainte aux mal-intentionnez, de
la terreur aux impies? Plus capable de s'attirer le ref-
pect des Grands, l'attachement des Miniftres, le dé-
voüement des Officiers, l'obéïffance des Troupes, la
foûmiffion des Peuples, l'eftime & la veneration des
Etrangers?

Mais ce Prince trop glorieufement occupé du foin
de remplir les devoirs de maître en public, ne les auroit il point négligez dans le particulier? Non, MES-
SIEURS, les vrais Heros font toûjours femblables à
eux-mêmes, fous quelque attitude qu'on les envifage

Comme dans celui que nous avons perdu, l'homme étoit au-deſſus du Monarque, le voir de plus près ne pouvoit ſervir qu'à mieux decouvrir ſa veritable Grandeur. Magnanime dans ſes recompenſes, ou il prévenoit les déſirs, ou il ſurpaſſoit les eſperances de ceux, dont il reconnoiſſoit le merite, par ſes bienfaits. Judicieux dans le diſcernement des caracteres, s'il découvroit les défauts des particuliers avec plus de pénétration que perſonne, il les diſſimuloit avec plus de ſageſſe. Obligeant juſques dans les refus, aimable juſques dans les corrections, Grand juſques dans les moindres choſes, il ſçavoit ſe communiquer avec dignité, s'abaiſſer avec honneur, ſe familiariſer avec autant de prudence, que de bonté. Tranquille juſqu'au milieu des occupations les plus importantes & les plus tumultueuſes, bien different de ces Souverains qui ſuccombant ſous la grandeur & la multitude des affaires, font porter par leur impatience & leur chagrin à ceux qui les approchent une partie du poids qui les accable, a-t-il jamais permis à la colere de troubler la ſerenité de ſon viſage, ou d'alterer la ſageſſe de ſa conduite? Et ſi pour uſer des termes de l'Ecriture, celui qui ne péche point par les paroles, eſt un homme parfait; Où trouver un Maître plus accompli que LOUIS LE GRAND? Comme il portoit ſur les lévres une garde de prudence, ſous la langue le lait & le miel de la douceur, malgré l'air naturel de majeſté, de grandeur & d'autorité répandu dans toute ſa Perſonne, eſt-il jamais ſorti de ſa bouche une parole de mépris, ou de raillerie? Où eſt le fâcheux & l'importun qu'il ait affligé par la dureté de ſes repro-

Jac. bi. c. 3. v. 2.

Pſal. 140. v 3.

Cant. c. 4. v 11.

ches, ou par l'aigreur de ses expressions? Que d'indiscretions de ses Officiers n'a-t-il pas genereusement excusées? Que de fautes de ses Courtisans n'a-t-il pas glorieusement pardonnées ? La Cour en est surprise, la France en est étonnée, & l'une & l'autre ne sçauroient trop admirer un Prince plus digne encore de l'Empire par la grandeur de son ame, que par celle de sa naissance.

Ouvrez ici vos cœurs à l'intelligence, ô vous qui commandez aux hommes; recevez les instructions de la Sagesse, ô vous qui jugez la terre. *Et nunc… intelligite, erudimini qui judicatis terram.* Mais est-ce du Pere, ou du Maître dont je parle, & ne passé-je pas insensiblement des lumieres & de la prudence de l'un, à la douceur & à la bonté de l'autre ? Oüy, MESSIEURS, car pour être le digne Maître de ses sujets, il faut en être le Pere, les Rois n'étant les images de la Grandeur infinie du Créateur, que pour devenir les instrumens de son infinie Misericorde.

Ne représentons pas toutefois dans LOUIS un Pere de la Patrie, obligation indispensable des Souverains, sans le montrer auparavant au milieu de son auguste Famille favorisé des benedictions, & s'appliquant aux devoirs de l'homme touché de la crainte du Seigneur. Quelle soûmission pour une Mere d'une grandeur d'ame au dessus de son sexe, que depuis sa majorité même & son Sacre, il révere comme sa Souveraine! Quelle tendresse pour une Epouse de la pieté la plus sublime, avec laquelle il se fait un plaisir de partager sa Gloire aussi bien que sa Couronne! Quel amour pour un Fils plein de droiture & de douceur, qu'il cherit comme un

autre lui-même, jusques à lui tracer de sa main Victo-
rieuse le grand Art de regner ! Quelle ardeur pour
procurer à ce Fils auguste, & à ses Petits-Fils qu'il
porte au milieu de son cœur, une éducation qui réponde
à la hauteur de leur destinée, & à la sainteté de leur
Religion , qu'ils soûtiennent avec tant de gloire !
Quelle affection pour des Dauphines aussi distinguées par l'excellence de leur merite , que par la
splendeur de leur Origine, qu'il considere comme les
délices & l'honneur de sa Cour ! Que de confiance !
que d'amitié pour un Frere , & pour un Neveu qu'il
ne sçauroit trop estimer, & qui ne participent de plus
près à son Sang, qu'afin de le répandre avec plus d'ardeur & de magnanimité, pour son Service & pour le
bien de l'Etat ! Que de bien-veillance ! que d'égard
pour des Princesses & des Princes, qui non contens
d'accomplir ses volontez avec des empressemens ex-
trêmes s'étudient à l'envi pour lui plaire à préve-
nir ses désirs ! Que de douceur ! que de bonté
pour cette Famille Royale où regne l'union , où
préside le Dieu de la Paix, & qui, selon l'expres-
sion de l'Apôtre , fait sa Couronne & sa joïe, *Philip. c. 4.*
comme il en fait lui-même le lien, l'ornement & *v. 1.*
la gloire, non seulement en qualité de Chef, à l'e-
xemple des anciens Patriarches; mais encore en qualité de Pere.

La flaterie, malgré la verité l'a souvent prodigué à
l'égard même des Peuples, ce Titre si respectable à
des Soverains qui en étoient indignes; la verité, malgré le ressentiment & la jalousie, s'empresse de l'accorder à LOUIS LE GRAND. Tout l'y porte ses

interêts & sa gloire tant de fois sacrifiez à la paix dans
le cours le plus rapide de ses Victoires, pour procurer le repos de ses Sujets, des remises de plusieurs mil-
lions accordées en leur faveur, avant qu'elle fût gene-
ralement acceptée pour les dedommager des frais de
la guerre, les justes ressentimens du Souverain qu'il a
fait ceder en tant d'occasions à la clemence du Pere,
les larmes que sa bonté paternelle a fait couler de ses
yeux, tantôt de tendresse après sa convalescence, à la
vûë du zele & de l'attachement de ses peuples, tantôt

Dans l'Hôtel de Ville de Paris en 1687.

de compassion au simple récit de leurs miseres dans
des calamitez publiques, les maux causez par la guerre, la sterilité, les maladies contagieuses, dans Paris,

Dans le Château de Versailles en 1709.

& dans les Provinces, dans les Villes & dans la Campagne, si souvent arrêtez, ou reparez par ses soins,
par sa vigilance & par ses bienfaits, tout y engage la
verité, tout l'y oblige.

Vous l'avez publié il y a long-temps, vous le pu-

Les Academies de Cadets & de Gardes-Marine en 1682.

bliez encore tous les jours à l'univers, glorieux Etablis-
semens, où de jeunes gens dont les biens ne répon-
dent pas à la naissance, sont formez à tous les exerci-

Saint Cyr, en 1687.

ces Militaires! Communautez celebres où la Noblesse
du Royaume & la beauté négligées de la fortune sont
mises à couverts des miseres de l'indigence, & des

Psal. 90. v. 6.

traits du démon du Midy. Hôtel fameux dont la ma-

Les Invalides, en 1676.

gnificence ne cede pas aux plus superbes palais des Sou-
verains, où de vaillans & infortunez Guerriers consolez de leurs maux dans une retraite honorable, peu-
vent exercer plus heureusement que jamais leur va-
leur, contre les ennemis de leur salut, Hôpitaux éternellement respectables ou élevez par ses soins, ou ai-
dez

dez de ses liberalitez, dans la Capitale & dans la plûpart des villes du Royaume, où une misericorde uni-
verselle s'applique à soûlager toutes les infirmitez du
corps & de l'ame, ne continüerez-vous pas aussi de le
publier à tous les siécles? comme dans ces pieux asyles,
sa bonté genereuse trop resserrée dans le présent em-
brasse encore les temps les plus éloignez, comme elle
y prépare des secours à des besoins à venir, des reme-
des à des plaïes qui ne sont pas encore, des soulage-
mens à des mauxqui pourront arriver en France dans
la suite des siécles, quoi qu'il ait cessé d'en être le Roy
par la mort : cessera-t-il jamais d'en être le Pere par
ces effets éternels de sa charité?

Qui pourroit après cela, Messieurs, lui dispu-
ter cette qualité glorieuse ? si ce n'est des esprits diffi-
les & critiques, & peut-être indociles & rebelles, qui
se descriant eux-mêmes, en pensant dés-honorer les
Souverains, méprisent la domination, comme parle
l'Ecriture, qui maudissent ceux qui sont dans les Di-   *Iude v. 8,*
gnitez les plus élevées, & qui, soit foiblesse d'esprit,
soit malignité de cœur, soit l'une & l'autre ensemble,
ne pouvant, ou ne voulant entrer dans le détail de
mille choses, dont les moindres feroient evanoüir
leurs préjugez criminels, condamnent avec execration
ce qu'ils ignorent, & cela pour quelques contributions   *Ibid. v. 10,*
onereuses, dont ils se plaignent incessamment les aveu-
gles, & les infortunez qu'ils sont! bien-loin de les regarder avec les yeux de la foi, & de les recevoir avec
les sentimens de la penitence, comme de justes châ-
timens de leurs iniquitez qui en sont la cause. Mais
ces monumens eclatans de la bonté paternelle du

Roy, ne s'éleveroient-ils pas comme autant de voix contr'eux, pour les accabler de leurs justes reproches, & pour les couvrir de honte & de confusion?

Que ne puis-je m'arrêter un moment en cet endroit de mon discours, afin de vous faire mieux sentir leur injustice! Vous connoîtriez, MESSIEURS, combien les moindres impositions, quoique necessaires aux besoins de l'Etat étoient à charge à la bonté de son cœur. Vous remarqueriez que veillant jour & nuit, comme la sentinelle d'Israël à la conservation de vos vies, & s'étudiant à vous mettre à l'abri des horreurs de la guerre, dont à peine connoissez-vous les noms, bien loin d'en ressentir les malheurs, il ne touchoit avec regret à une partie de vos biens, que pour vous préserver de la perte des autres; encore n'étoit-ce qu'après avoir engagé lui-même son propre Domaine. Vous seriez étonnez en voyant toutes les Puissances de l'Europe, tant de fois armées contre nous, à la seule pensée des dépenses, soit publiques soit secrettes, soit au-dehors, soit au-dedans du Royaume, vous seriez étonnez comment des levées, quoique considerables, mais forcées par le malheur des temps, & toûjours extrêmement diminuées quand elles entroient dans ses trésors, ont pû suffire à des besoins presque infinis. Vous l'auriez vû cet aimable Prince, si le nombre des années lui eût permis toute l'application necessaire, si la misere des peuples lui eût été mieux connuë, & sur tout si la longueur des guerres lui en eût laissé le pouvoir, loin de faire de nouvelles impositions, vous soulager en diminuant les anciennes; comme il a fait tant de fois, & dans le commen-

Psal. 120.
v. 4.

cement de son Regne, & dans la vigueur de son âge;
en cela même plus glorieux que Salomon, qui malgré l'abondance prodigieuse de ses richesses, & le calme d'une paix generale & continuelle n'a pas laissé
d'en surcharger les peuples. Vous auriez appris enfin
que dans le lit de la douleur, & presque entre les bras
de la mort, vous portant comme ses enfans au milieu
de son cœur, plus touché de vos besoins, que de ses
maux, plus sensible à vos miseres, qu'à ses interêts;
il exhortoit avec ardeur le jeune Heritier de sa Couronne à vous gouverner avec douceur, en Prince pa-
cifique, à vous soûlager en Pere avec empressement,
& conjuroit les Personnes Illustres préposées à sa
Royale éducation, de ne rien épargner pour le pénétrer par des instructions souvent reïterées de ces tendres & nobles sentimens, qui devroient regler la conduite de tous les Souverains. Vous auriez appris, que, si le
Seigneur eût encore ajoûté quelques années à une vie
si précieuse, comme à celle du saint Roy Ezechias, il
n'avoit pas d'autres desseins, d'autres vûës, d'autres
pensées, que d'en consacrer le reste à sa gloire & à
vôtre soulagement. Digne enfant de Dieu par sa Religion & sa Pieté ! Digne Pere des peuples par sa tendresse & son amour ! à plaindre seulement, ou plûtôt
pénétré de douleur, jusqu'à s'estimer malheureux de
n'avoir pas toûjours ponctuellement executé les ordres du Seigneur selon ses devoirs, & de n'avoir pû
rendre ses peuples heureux au gré de ses désirs, paroles
capables seules de faire connoître aux plus mal-intentionnez la droiture & la bonté de son cœur, qui l'ont
porté plus d'une fois à s'exprimer ainsi lui-même, n'es-

C ij

perant pas de vivre encore aſſez de temps pour y réuſ-
ſir, obligé, diſoit-il, de reſerver ce bonheur au Dauphin, Prince qui, ſi le Ciel ne l'eût envié, pour ainſi
dire, à la terre, n'eût pas moins été les délices des
Peuples, par la douceur de ſon gouvernement; qu'il
en étoit l'admiration par la ſageſſe de ſa conduite.

Le Dau-
phin aupara-
vant Duc de
Bourgogne.

Que n'ajoûterois-je pas ici, MESSIEURS, pour
confondre d'injuſtes murmurateurs, qui après avoir
ouvert leurs bouches ſacrileges contre le Dieu du ciel,
percent des traits de leurs langues envenimées les Rois
de la terre ? qui n'en veulent apparemment à la Mé-
moire de celui que je loüe, que parce qu'il en a voulu à leurs erreurs, & qui ne ſont les ennemis cachez de
ſa gloire, que parce qu'ils ſont les ennemis déclarez de
la verité. Que ne dirois-je pas ? ſi, par ces réflexions
peut-être utiles ailleurs, mais inutiles en cette Ville,
& plus encore dans cette Aſſemblée, je ne craignois
de faire injure à des ſujets fidéles aux ordres, penetrez des qualitez admirables, touchez de la perte, zelez, s'il en fut jamais, pour la gloire de ce Grand
Prince, que nous allons voir deſcendre du Trône des
Rois, pour monter ſur le tribunal des Juges, où Roy
tout enſemble & Juge, auſſi bien que Legiſlateur,
il ne va paroître que pour faire regner la Juſtice, &
pour rompre les efforts de l'iniquité.

Pſal. 72.
v. 9.

Eccli c. 7.
v. 6.

En effet, tantôt ſemblable à Moïſe aidé de la Sageſſe, qui aſſiſte toûjours au Trône du Seigneur,
voyant tout, examinant tout, réglant tout par lui-
même, exerçant lui ſeul la ſouveraine Magiſtrature,
n'ayant point d'autre premier Miniſtre qu'un genie
ſuperieur accompagné des plus excellentes qualitez

Sap c. 9.
v. 4.
Le Roy à
l'âge de 22.
ans. gouver-
na ſans pre-
mier miniſtre
après la mort
du Cardinal
Mazarin.

des Juges les plus accomplis; il est tout seul son conseil : conduite qui le rend d'autant plus grand aux yeux des hommes, que les siécles passez n'en ont presque jamais vû d'exemple dans les Souverains, & que les siécles à venir n'en verront peut-être jamais d'imitateur.

Il tint lui-même le Sceau après la mort du Chancelier Seguier pendant environ trois mois en 1672.

A ce Tribunal accessible à tout le monde, la prudence préside; la douceur écoûte avec patience les raisons des compagnies & des particuliers; la verité pese tout au poids du Sanctuaire; la Justice elle-même prononce les Arrêts, sans passion comme les Loix, sans indifference pour les petits, sans complaisance pour les grands, à l'exemple de Dieu-même sans acception de personnes. La timide innocence du pauvre, malgré sa foiblesse, y triomphe de l'orgueilleuse iniquité du riche, & le Souverain paroît toûjours souverainement équitable, si ce n'est peut-être dans les jugemens qu'il porte contre lui-même, quand il s'agit de ses interêts, pour faire grace à son Peuple. Tantôt au milieu des Juges qui ont l'avantage de participer à son esprit, comme ceux d'Israël à celui de Moïse, il les étonne & brille par sa sagesse dans son Conseil, ainsi que l'astre du jour, dont la lumiere efface celles de tous les autres. A ce sanctuaire de la Justice les Finances sont reformées, les Procès abregez, la chicane confonduë, les violences des grands arrêtées & punies, les malversations des Juges réprimées, les Loix avantageuses affermies, les défectueuses corrigées, de nouvelles ajoûtées aux anciennes pour le bonheur de ses Etats; les interêts mêmes des Souverains y sont quelque fois décidez.

1. Pet. c. 1. v. 17.

Num. c. 11. v. 25

Les Grands Jours, en 1665.

Le Code Louis, en 1667.

Tous ces prodiges, & mille autres que je suis obligé de supprimer, se joignant au bruit de ses exploits

Heroiques, à l'éclat de ſes Victoires, à la grandeur de ſes Conquêtes, à l'honneur de ſes entrepriſes, de ſes ſuccès, de ſes triomphes en faveur de la Religion, répandent partout la gloire de ſon Regne, & font ſoûpirer toute la Terre du déſir de voir ce nouveau Salomon. Des Ambaſſadeurs de Turquie, d'Alger, de Maroc, de Moſcovie, de la Guinée, de Perſe, de Siam, des extremitez les plus reculées de l'Univers; des Reines fameuſes, comme les Chriſtines de Suéde, ainſi que celle de Saba, l'ornement de leur ſexe : des Rois victorieux, comme les Caſimirs * de Pologne, dignes eux-mêmes des plus grands éloges, attirez par l'éclat de tant de gloire viennent fondre au pied de ſon Trône, pour lui demander ſon alliance, ou pour faire hommage à ſa Grandeur, & trouvant le Monarque au deſſus de la Monarchie, le Heros au deſſus de ſes Conquêtes, l'un & l'autre au-deſſus de la Renommée; ils oublient tout le reſte, pour admirer dans ſon auguſte Perſonne la merveille de nôtre ſiécle. Telle eſt la Grandeur de L O U I S ſur le Trône aux yeux des Peuples, il n'eſt pas moins grand aux yeux des Puiſſances ennemies, à la tête des Armées, où vous l'allez voir couronné par les mains de la Victoire. C'eſt ma ſeconde Partie.

3. Reg, c. 10. v. 24.

Cette Reine a fait deux voyages en France, l'un en 1656. l'autre en 1657.
* Ce Roy vint en ce Royaume en 1669.

SECONDE PARTIE.

ENtreprendre des guerres avec autant de prudence que de juſtice, s'y conduire avec autant de moderation que de valeur, ne les continuer avec plus de vigueur & de force, que pour obliger par de glorieuſes demarches, & par des propoſitions genereuſes ſes ennemis à demander la Paix; Quoy de plus grand? Ne pouvoir y être ni prévenu par la vigilance, ni trompé par la surprise, ni accablé par la multitude, ni affoibli par la longueur & la durée; Quoy de plus heureux? N'ignorer rien dans l'Art militaire, y découvrir des secrets inconnus aux plus fameux Conquerans, les executer avec des succez prodigieux, en remplissant également les devoirs des plus braves Soldats & des plus excellens Capitaines; en s'élevant au-dessus de la rigueur des saisons, des injures des temps, de tous les obstacles de l'art & de la nature, sans vouloir connoître d'autres perils que celui de craindre, d'autres fatigues que celles de ses troupes & de ses Officiers; Quoy de plus beau? Prendre ainsi plus de Villes que l'on ne forme de Sieges, remporter plus de victoires que l'on ne livre de batailles, assujettir plus de Provinces & d'Etats à son Empire, que la curiosité des voïageurs n'en pourroit parcourir en aussi peu de temps; Quoy de plus admirable? Et pour dire encore plus de veritez en moins de paroles, superieur à ses ennemis malgré leur courage & leur nombre, les vaincre en tout temps, en tous lieux, en toutes occasions durant plus de soixante années dans sa personne ou dans celle de ses Capitaines; Superieur à soi-même malgré l'instabilité des choses humaines, & les évenemens les plus opposez, se vaincre également dans l'une & dans l'autre fortune; en faut il davantage, Messieurs, pour être grand aux yeux-mêmes des Puissances ennemies, & pour meriter tous les Lauriers de la Victoire? n'est ce pas là donner dans sa personne à l'Univers le rare &

le merveilleux spectacle d'un Heros accompli? n'est-ce pas enfin une gloire, que la jalousie-même ne sçauroit refuser à LOUIS XIV?

N'attendez donc rien de commun de cet invincible Monarque à la tête des armées, mais que pourrois-jevous apprendre de ses prodiges, dont vos oreilles n'aïent retenti mille fois, & qui ne soit connu de toute la terre, quoiqu'auparavant presque inoüi dans tous les siecles? Dressé par le Seigneur à combattre, ainsi que le Roi Prophete, il triomphe par des prises de Villes presqu'au sortir de l'enfance. Turenne, ce foudre de guerre, que la superiorité d'un merite universel dans les armes auroit fait reverer comme le Dieu des batailles dans l'Antiquité profane; le grand Turenne étonné lui-même de la rapidité de ses conquêtes, reconnoissant bien-tôt son Maître dans son Eleve, change ses leçons en éloges, ses éloges en admiration. En effet quelle abondante moisson de gloire pour ce Prince dès ses premieres campagnes? Comme la justice, la raison, la valeur, la prudence, la force combattent également en sa faveur pour les droits incontestables de la Reine, selon la décision même des plus fameux Jurisconsultes des Nations ennemies; la victoire en Flandre vole au gré de ses desirs: Charleroy, Armentieres, Oudenarde, Doüay, Lille, Tournay, les Villes les plus importantes & les mieux fortifiées des Païs bas, se rendent dès qu'il les attaque, ou ne resistent que pour rehausser la gloire du Vainqueur.

Envain la Suede, la Hollande, l'Angleterre allarmées de ces conquêtes, s'unissent-elles avec l'Espagne pour en arrêter le cours: de quoy pourra servir leur triple

ple

Pseaum. 143 v. 1.

Le Roy leur ayant fait connoître l'espece sous des noms empruntez. Campagne de 1667.

Traité conclu contre la France entre ces Puissances le 23 Janvier 1668.

ple alliance? lien toutefois si difficile à rompre, selon
le Sage, si ce n'est à faire paroître avec plus d'éclat Eccle. c. 4. v. 12.
leur foiblesse, & sa puissance, leurs défaites, & ses triomphes.

Entre-t-il dans la Franche-Comté le fer & le feu à Campagne de 1668.
la main? Il efface la gloire des plus experimentez Capitaines par sa sagesse, il enflamme le courage des plus
déterminez soldats par sa valeur. Frimats, neiges, glaces, rivieres, chemins impraticables, rien ne l'arrête:
au plus fort de l'hiver, en huit jours il la soumet à
son obéissance. N'en faudroit-il pas davantage pour
la parcourir? marche-t-il vers les Provinces-Unies, re-
gion presque inaccessible aux Armées, également défenduë par l'art & par la nature, où il y a plus de
Villes que dans de grands Royaumes, plus de digues,
de bastions, de forteresses, qu'il n'y en avoit en tout
l'Univers dans les jours des plus celebres Conquerans
de l'antiquité? tout cede à la force, ou à la terreur de
ses armes. Plus vîte que l'Aigle, plus courageux que 2 Reg. c. 1 v. 23.
le Lion, il renouvelle au fameux passage du Rhin à
la vûë des ennemis étonnez, & toutefois assez genereux pour aller du moins en partie jusqu'au milieu
des flots signaler leur valeur, il renouvelle les prodiges de Cesar sur le même fleuve, & d'Alexandre sur
le Granique, s'il n'en ternit la gloire, à en juger par les
circonstances.

La plûpart des Villes disputent, pour ainsi parler,
à qui se rangera plûtôt sous son empire: disons mieux Campagne de 1672.
à qui se mettra plûtôt sous sa protection. Les unes
ne resistent qu'un jour, ou deux, pour le recevoir, ce
semble, avec plus d'honneur. Les autres sans penser

à ſe défendre à l'aſpect du Vainqueur, ſe rendent à ſa diſcretion. Le fier Rhimberg malgré ſes fortifications, eſt pris en cinq jour. Le formidable Nimegue en une ſemaine eſt emporté, malgré ſa reſiſtance. Le terrible Maſtricht ſi celebre par les longs Siéges qu'il a ſoûtenus, & qu'il a fait lever même à ſes maîtres, en treize jours eſt contraint de ſuccomber, malgré ſes éforts. Toute la Hollande défenduë par une Armée nombreuſe, qui fuit devant la face du Conquerant, pendant que les murailles des Forts, des Citadelles, des Villes les plus conſiderables, comme celles de l'orgueilleuſe Jericho, tombent aux pieds de ce nouveau Joſué, toute la Hollande, toutes les Provinces-Unies ſont réduites à un petit eſpace de terre en moins de deux mois.

Que l'on conſulte tant que l'on voudra, l'Hiſtoire de tous les temps & de tous les peuples, y vera-t-on rien de plus étonnant? Y trouverra-t-on rien même de ſemblable? Sur tout ſi l'on y ajoûte la Lorraine conquiſe en un jour, & ce Romain victorieux qui pour marquer la rapidité de ſes Conquêtes, diſoit avec tant de confiance dans les tranſports de ſa joïe, je ſuis venu, j'ai vû, j'ai vaincu, *veni*, *vidi*, *vici*, en avoit-il fait davantage? En avoit-il fait autant même que LOUIS XIV. qui par la ſeule reputation de ſes armes, a mis des armées en fuite, & réduit des Etats ſous ſa Puiſſance avant même qu'il les eût vûs?

Princes, Empereurs, Rois, Souverains, Cercles de l'Empire, Potentats de l'Europe effrayez de ces ſuccès inoüis, & plus encore de la vaine illuſion d'une Monarchie univerſelle; hâtez-vous d'amener du ſe-

cours à ces Etats défolez, venez avec ardeur augmenter le nombre de leurs troupes ; liguez-vous tous enfemble, faites briller également vos étendars fur vos frontieres & fur vos côtes, avec une oftentation audacieu-
fe; projetez la ruine entiere de la France; armez contr'elle l'injuftice, la jaloufie, l'ingratitude, la haine, l'indi-
gnation, la fureur. Efcriez-vous, comme les ennemis
d'Ifraël, nous la détruirons, nous la dévorerons, nous
partagerons fes dépoüilles. *Devorabimus eam.* Vous l'ef-   *Thren. c. 2.*
perez, vous vous le promettez , vous l'entreprenez ;   *v. 16.*
mais, chimeriques efperances! Promeffes inutiles! En-
treprifes temeraires! elles feront bien-tôt confonduës.
A peine le Soleil de la France paroît-il, que votre for-   *Pfal. c.*
ce fonduë en fa préfence, comme la cire devant le feu,   *v. 2.*
femblable à celle des ennemis du peuple de Dieu, eft   *1. Mach. c.*
auffi-tôt diffipée; *refulfit fol. . . . & fortitudo gentium diffi-* *v. 39.*
pata eft.   *in eod. loc.*

Et certes, MESSIEURS, malgré leur courage &
leur valeur, inveftir leurs Villes, & les enlever, attaquer leurs Provinces, & les fubjuguer, entrer dans
leurs Etats, & les conquerir, n'eft pour LOUIS
qu'une même chofe. Ils l'ont éprouvé, nos fiers ennemis, dans la Franche-Comté, qu'il a reprife avec autant de facilité, qu'il l'avoit renduë ; ils l'éprouveront
partout ailleurs, foit que nos armées foient égales, ou
inferieures en nombre à celles de tant de peuples liguez
contre nous, foit qu'elles les attaquent, ou qu'elles fe
deffendent, foit qu'elles les furprennent, ou qu'elles en
paroiffent furprifes, foit qu'elles leur livre le combat
en pleine campagne, ou qu'elles les cherchent jufques
dans leurs retranchemens, foit dans les fieges, ou

dans les batailles, fur la mer, ou fur la terre , dans les Contrées voifines , ou dans les regions eloignées, ils l'éprouveront encore une fois par tout ailleurs.

Les Efpagnols au lieu de pénétrer dans le Rouffillon, deffaits en cette province, & fugitifs en Catalogne, vont porter la frayeur jufques dans la Caftille. Les troupes des Païs-Bas , affemblage formidable de tant de nations, loin d'infulter les frontieres de Picardie , batuës jufques à trois fois en un jour, au milieu de leurs Eftats fous trois Generaux dif-ferens , ne cherchent leur falut que dans leur fuite. Les Imperiaux, loin de ravager la Champagne & la Bourgogne, mis en déroute en Alface, tremblans & confus, font trembler avec eux tous les Cercles de l'Empire. Sur l'Ocean la flotte des Provinces-Unies qui s'arrogoient la domination de la mer, plus fra-gile que l'eclair ne fait que fe montrer & difparoître. Sur la Mediterranée plufieurs batailles perduës par les Confederez, font évanouir tous leurs projets : Pendant que les Hollandois forcez à Cayenne, brulez à * Taba-go, repouffez de la Martinique , accablez de tous les cô-tez, font retentir l'Amerique auffi bien que l'Europe du bruit de nos victoires. N'en foyez pas furpris, MESSIEURS ; comme ils n'avoient femé que les vents de leurs deffeins frivoles , & de leurs penfées ambitieufes, que pouvoient-ils moiffonner que des tempêtes ? *Ventum feminabunt, & turbinem metent.*

Je ne fais que paffer rapidement, comme vous le voyez, fur tant de conquêtes & de victoires attiré par les mer-veilles de nôtre Prince, qui font en fi grand nombre & fi étonnantes, que l'on ne fçauroit prefque s'arrêter à

Bataille de Senef le 11. d'aoult 1674.

En 1675.

1676.

* Le 3. Février 1677.

Ofée 8. v. 7.

celles de ses Lieutenans. Toutefois quelle part n'a-t il
point à leur gloire ! Dans les occasions où il commande
en personne, il terrasse les ennemis par la force de son
bras; dans celles de ses Officiers, il les épouvante par
la terreur de ses armes : Dans les unes, il agit par sa
valeur; dans les autres, par ses ordres : Ici c'est le Heros qui triomphe par lui-même : Là, c'est l'esprit, c'est
l'ame du Heros, qui répandant la vigueur & la force
dans le corps de ses Armées, fait triompher ses Capitaines.

Je n'oserois, Messieurs, à la face des Autels
du Dieu de la Paix, vous entretenir plus long-temps
d'une gloire mêlée de larmes, de sang & d'horreur,
s'il ne prenoit aussi lui-même le titre du Dieu des Armées, où il fait paroître également la grandeur de sa
puissance , & la rigueur de sa justice aux yeux des
mortels; & si les divines Ecritures ne retentissoient pas
autant des Actions héroïques des Princes belliqueux,
que des merveilles des Princes pacifiques.

Suivons donc, s'il est possible, notre auguste Monarque toûjours accompagné de la Victoire, dans ces
glorieuses Campagnes , où les interêts de la religion
se trouveront bien-tôt mêlez avec ceux de l'Etat, Campagnes qui lui ayant attiré les titres de Victorieux &
d'Invincible, lui ont fait donner le nom de G R A N D,
du consentement universel de ses sujets & des étran-
gers, & qui lui ont fait meriter toutes les Couronnes,
dont les anciens avoient coûtume d'orner la tête de
leurs Souverains. A lui voir faire presque en même-
temps les sièges de Valenciennes & de Cambray, emporter en peu de jours dans la saison la plus rigou-

L. 2. & 3.
Reg. & alibi.

Au com-
mencement
de l'année
1680.

Campagne
de 1677.

D iij

reufe, ces Places qui paſſoient autrefois pour imprénables, après avoir affoibli ſon Armée, afin de fortifier celle d'un autre lui-même, d'un illuſtre Frere, qui pour avoir des Eſcadrons moins nombreux que ceux des ennemis, ne laiſſa point par la priſe d'une Ville & le gain d'une Bataille, de les déſoler entierement, auſſi bien que leur General, Prince qui eût toûjours paru digne de regner, s'il n'eût jamais regné. A le voir y joindre la conquête de Gand & d'Ypres, qui n'étoient pas moins redoutables, y ajoûter malgré les efforts d'une Ligue également durable & terrible, la priſe de Mons, & ſurtout celle de Namur, en préſence d'une Armée de cent mille combattans accourus, ce ſemble, pour être les témoins irréprochables de ſes Victoires, où les admirateurs éternels de ſes triomphes, qui ne le prendroit pour ce fameux Conquerant que le Dieu des batailles conduit lui-même par la main dans le Prophete Iſaïe, pour lui aſſujettir les Nations, pour contraindre les Rois à fuir devant ſa face, pour lui ouvrir toutes les portes des Villes, & pour humilier les Grands de la terre?

A le voir obligé plus heureuſement qu'Iſmaël, d'avoir les mains levées contre tout le monde, parceque tout le monde jaloux de ſa grandeur & de ſa gloire a les mains levées contre lui, *manus ejus contra omnes, manus omnium contra eum*, à le voir non ſeulement reſiſter ſeul à tous les Princes de l'Europe, mais encore leur donner la loy, quelquefois prendre leurs Villes, ſans les attaquer, quelquefois en attaquer pluſieurs enſemble, au milieu de l'hiver, & les emporter en peu de tems, avec moins de Troupes qu'elles n'en

ont pour se deffendre, fournir des flottes & des armées
nombreuses à des Souverains persecutez pour la foy
par des Sujets rebelles, Victimes éternellement memo-
rables de la Religion, à laquelle ils ont glorieusement
sacrifié leurs Couronnes, qui ne trouveroient point
de protecteurs dans les Rois de la terre, si Dieu n'eût
suscité LOUIS LE GRAND ! à le voir lancer
la foudre à [a] Alger, à [b] Tripoli, à [c] Genes, à [d] Barcelone,
épouvanter les ennemis par ses preparatifs de guer-
res, les dissiper tantôt par sa presence, tantôt par
ses seules aproches, & par tout où il les cherche,
où il les rencontre, où il leur presente la bataille,
en triompher toujours & presque malgré lui sans
combatre, qui pouroit ne le pas reconnoître pour un
de ces prodiges qu'il plaît au Suprême Dominateur
de montrer de tems en tems à l'Univers?

A regarder ces évenemens si singuliers & si multi-
pliez que nos temples qui retentissoient de conti-
nuelles actions de graces pouvoient à peine contenir
les étendarts des nations vaincûës, si surprenans
qu'ils effacent presque les journées tant vantées
d'Arbelles & de Pharsale, si prodigieux que la victoire alloit plus vîte que nos desirs, plus loin que
nos esperances, au delà de nos pensées, & de puis ce
tems presque au delà même de nôtre creance, si l'é-
vidence, & la certitude laissoient la liberté de douter des merveilles que l'on a vûës. A les considerer ces
évenemens extraordinaires, qui pouroit s'empécher de
conclure que si l'histoire n'a soin d'en suprimer les circonstances les plus incroyables, il est à craindre que la
posterité découvrant à peine la vray-semblance dans les

victoires les plus certaines du Roy, ne regarde les monumens les plus eclatans de sa gloire, comme des avantures fabuleuses imaginées à plaisir pour réveiller la curiosité des lecteurs. C'est ce que la verité a plus d'une fois avancé en d'autres termes à l'honneur de ce Prince Incomparable durant son regne; comment éviteroit-elle le soupçon de la flaterie, si elle ne s'efforçoit de le publier encore plus hautement après sa mort.

Que ne m'est-il maintenant donné, de remonter dignement au principe de tant de merveilles! Après en avoir renvoyé la gloire au Dieu des armées, à qui seul il appartient de regler à son gré, le succès des siéges & des combats, la destinée des Souverains & des Empires. Que de prodiges de valeur & d'activité, de sagesse & de force, de constance & d'intrepidité, ne vous ferois-je pas remarquer dans l'Invincible LOUIS. Que ne puis-je vous representer le sort glorieux de ses Armes, depuis qu'un Prince équitable, s'élevant au-dessus des differentes dispositions des peuples, pour n'écouter en mourant que la voix de la nature & de la justice, a genereusement offert toutes ses Couronnes à son auguste Posterité, depuis qu'elles brillent sur la tête d'un jeune Heros, qui ayant fait paroître à la vûë d'une Nation vaillante & genereuse, la sage valeur, & la glorieuse intrepidité des Princes de la Maison de France, fait tous les jours admirer en lui par la même Nation prudente & religieuse, la rare prudence & la vertu des Rois d'Espagne les plus celebres. Que de Villes prises, que de victoires remportées dès les premieres campagnes, sur la Meuse, sur le Rhin, sur le Danube, sur l'Ebre, sur l'Eridan,

sur

sur les bords de la mer Adriatique, dans l'ancien &
dans le nouveau Monde n'exposerois-je pas à vos
yeux ! que ne puis-je toucher en passant la journée de
Cremone ! Que ne vous montrerois-je pas dans cette
action mémorable, s'il en fut jamais, & veritablement Le 2. Février 1703.
digne du regne miraculeux de LOUIS LE GRAND !
Action où malgré la surprise, sans ordre & sans chef,
chaque soldat, à peine sorti du sommeil, combatit
en Officier & en Capitaine, chaque Officier, chaque
Capitaine en Heros, où l'on vit eclater au travers du
feu des armes, au milieu des ombres de la nuit, mille prodiges de valeur & de prudence, qui ayant en
peu d'heures arraché la Ville avec la Victoire aux Ai-
gles Romaines, comme une proye qu'elles avoient ra-
vie, feront malgré la jalousie des Nations étrangeres,
l'étonnement de tous les siécles, & l'éloge éternel de
la bravoure des François, aussi-bien que de la grandeur du Monarque Incomparable qui a sçû les former dans le calme de la paix, par des exercices Militaires ; dans le tumulte de la guerre, par des actions
Héroïques. Que n'ai-je du moins assez de temps pour
décrire les evenemens de la derniere Campagne ! Que Levée du siége de Landrecys, Prises de Douay, du Quesnoy, de Bouchain, & prises de Landau & de Fribourg.
d'ennemis vaincus, que de Places conquises, que de
Batailles gagnées ne vous découvrirois-je pas dans la
seule victoire de Denain, suivie de tant d'autres, sour- Monsieur le Maréchal Duc de Villars.
ce de nôtre bonheur, où le même General qui avoit ré-
pandu l'epouvante jusque dans la capitale de l'Empire, animé de la sagesse & de la magnanimité de ce
fameux Heros, dont il commandoit les troupes, attirant
& fixant auprès de lui la Victoire depuis quelque
temps égarée, d'un seul coup rompit toutes les mesu-

E

res, renversa tous les projets, dissipa tous les avantages, détruisit toutes les esperances des Nations con-
federées.

Mais dans l'impuissance où je suis d'entrer dans le
détail de ces évenemens prodigieux, & de tant d'autres
que les bornes étroites de ce discours me forcent de
laisser au recit de l'histoire; c'est à vous à les rappeller à vos esprits, MESSIEURS, c'est à vous à vous
représenter les plus grands Rois obligez de reconnoître par des déclarations solemnelles la préeminence
de sa Couronne, les Puissances les plus respectables
de faire reparer par des monumens éclatans, les injures faites à ses Ambassadeurs, les Etats les plus superbes & les ^a Republiques les plus florissantes, de s'humilier au pied de son Trône, les ^b Nations les plus barbares
& les plus éloignées, de venir implorer sa clemence,
& de se soûmettre à ses loix. C'est à vous à suppléer
à mon silence, à mes paroles mêmes, par la force de
votre imagination.

Ebloüi de tant de Victoires remportées sur tous les
Souverains, & sur tous les Peuples de l'Europe, qui
ont attiré à L O U I S X I V. les couronnes corrupti-
bles de la terre, laisserois je les victoires plus importantes & plus avantageuses qu'il a remportées sur lui-
même, & qui l'ont disposé à la couronne incorrupti-
ble de l'éternité? Où trouver plus de moderation dans
un Prince au milieu des prosperitez humaines? Regar-
dez-le au comble de la gloire, devenu presque en
même tems le Vainqueur, & le Protecteur de ses ennemis; tantôt dans le pouvoir de s'emparer de leurs
Etats, il sacrifie avec une bonté sans égale, la plus

grande partie de ſes conquêtes au bonheur de la Paix, qu'il leur offre avec une magnanimité ſans exemple. Tantôt dans l'occaſion favorable de réünir glorieuſement à l'imitation de Charlemagne, la Couronne Imperiale à celle de France ; auſſi genereux que le grand Theodoſe, il eſt prêt à fournir, comme autre fois, non pas à un Prince foible & dénué de ſecours, ainſi que le jeune Valentinien, mais à l'Empereur puiſſant & ligué contre lui, les troupes qu'il retire des environs de Luxembourg, pour lui faciliter le moïen d'oppoſer toutes les forces de l'Empire à celles de la Puiſſance Ottomane, ſi ce Prince moins jaloux de la gloire d'un Roi qui l'a vaincu en tant d'occaſions, pouvoit ſe reſoudre à le reconnoître une ſeconde fois pour ſon Liberateur. Tant LOUIS étoit éloigné de former le deſſein d'une Monarchie univerſelle! deſſein que la jalouſie a voulu fauſſement lui imputer ; mais dont la verité ne conviendra jamais : Monarchie qui auroit pû ſervir de recompenſe à ſa valeur Heroïque ; mais qui n'a jamais ſervi d'objet à ſes deſirs, & dont il lui étoit facile alors de poſer les fondemens, ſi ſa droiture & ſon integrité lui euſſent permis d'en avoir ſeulement la penſée.

Où trouver plus de conſtance & plus de ſoûmiſſion à la volonté du ſouverain Juge au milieu des diſgraces les plus ſenſibles? Conſiderez-le dans ces triſtes & ſombres années, où les trois fleaux redoutables d'un Dieu vengeur, propoſez au choix de David, en punition de ſa faute, ſe réünirent pour affliger en même-tems ſon Roïaume, où après avoir tant de fois étonné l'Univers par la gloire de ſes triomphes, & laſſé la renommée

---

Notes marginales :

A Nimegue en 1678. & 1679.
Au Château de Riſwik en 1697.
Le 1 Aouſt 1664. Victoire de Saint Gothard ſur les Turcs düe principalement au ſecours de la France.
S. Aug. l. 5. de Civitate dei c. 16.

l. 2. Reg. c. 24. v. 12. & 13.

par la rapidité de ses conquêtes pendant plus d'un de-
mi siécle, la Victoire jusques-là constamment attachée
à le suivre, entraînée par la grandeur de nos iniquitez,
plus encore, que par la multitude des Legions enne-
mics, a paru s'eloigner de la valeur de ses Capitaines,
& se refuser à sa pieté. Car je n'oserois en toucher
d'autres causes, qui pour être plus cachées, n'en sont
peut-être pas moins veritables, & qui, si elles étoient
plus connuës, ne serviroient pas peu à relever la gloire
de ce grand Monarque, la capacité des Generaux de
ses armées, la bravoure de ses Officiers, la valeur de
ses troupes, & l'honneur de la Nation. Admirez-le
dans ces jours d'obscurcissement toûjours égal à lui-
même, d'un côté ne cherchant que dans ses pechez
2 Reg. c 24.
v. 28. avec le Roi selon le cœur de Dieu, la cause de ses
disgraces; de l'autre aussi éclatant au milieu des nuages des afflictions & des épreuves, qu'au milieu des
rayons les plus brillans de la Victoire. Reconnoissez
enfin que, comme au-dessus des perils par sa valeur,
il a sçû triompher de ses ennemis en Heros du monde;
au-dessus des évenemens les plus fâcheux par sa patience & sa fermeté, il a sçû triompher de lui-même
en Heros de l'Eglise; effets merveilleux de sa moderation & de sa pieté, qui me conduisent insensiblement
à ma derniere Partie, où vous l'allez voir grand aux
yeux des Fidéles, couronné par les mains de la Religion.

TROISIE'ME PARTIE.

ON ne sçauroit plus en douter après Tertullien,
la Majesté de l'Empire n'est pas incompatible
Apologet. c. 21. avec l'humilité de la Religion. Les plus grands Mo-

narques de l'Univers font les plus Chrétiens. Qualité feule capable de contribuer efficacement à la gloire aufli-bien qu'à la felicité des Rois & des Royaumes, & qui relevée par un zéle ardent, & par une pieté fincere dans celui à qui nous rendons les derniers devoirs, va mettre le comble à fa veritable grandeur, & le faire couronner avec plus d'éclat & de bonheur, que jamais, par les mains de la Religion dans l'Eglife.

Je dis rélevée par un zéle ardent; mais qui me donnera des couleurs affez vives pour en réprefenter les merveilles, dont la moindre fuffiroit à l'eloge de tout autre Prince que de LOUIS XIV. Pour moi dans l'étonnement où me jettent leur multitude & leur grandeur, je ne fçaurois contenir ni ma joye ni mon admiration. Car, fans toucher ni les erreurs diffipées, ni l'ufure profcrite, ni les defordres publics arrêtez, ni les fcandales punis, ni la fureur des jeux de hazard reprimée, ni les fourberies & les fuperftitions des devins bannies du Royaume, tantôt à la feule idée du blafphême étoufé, du duel aboli, de l'herefie exterminée, trois monftres odieux vomis par l'enfer qui devoroient la France; l'un figuré par le fiel des Dragons, c'eft le blafphême; l'autre reprefenté par l'écume des animaux agitez par la rage, c'eft le duel; le dernier marqué par les menfonges des faux Prophêtes, c'eft l'herefie; je m'imagine voir ces trois efprits immondes fortis, à la vûë de S. Jean, de la gueule du Dragon, de la gueule de la befte & de la bouche du faux Prophête, *vidi de ore Draconis, de ore Beftiæ, de ore Pfeudo-Propheta tres fpiritus immundos :* Je m'imagine les voir ces monftres affreux pourfuivis par l'inflexible

Edit contre les Blafphemateurs en 1666.

Edit contre les duels en 1651.

Apoc. c. 16. v. 13.

piété de notre Religieux Monarque, ou s'évanoüir à mes yeux, ou rentrer dans le puits de l'abîme d'où ils étoient sortis. Tantôt m'arrêtant à la seule Religion pretenduë reformée, je la vois cette detestable *Apoc. c. 17. v. 6.* heresie si souvent revoltée contre les souverains, tant de fois enyvrée du sang des fidéles, toûjours fatale *En 1685. le 22. Octobre.* aux Empires, je la vois après la révocation du fameux Edit de Nantes, qu'elle regardoit comme un fort inaccessible, quoi qu'arraché par la violence à la necessité des temps, je la vois accablée sous les ruines de ses Temples, de ses Academies, de ses Chaires *Psal. 1. v. 1.* de pestilence & d'erreur, tomber aux pieds de LOUIS LE GRAND, & faire renouveller par sa cheute dans la France les cris de joye, les acclamations redoublées de l'Ange de l'Apocalipse à la chûte de Ba-*Apoc. c. 14. v 8. Apoc. c. 17. v. 5.* bylone. *Cecidit, cecidit Babylon magna…. mater fornicationum & abominationum terræ.* Elle est tombée, elle est tombée cette Babylone, autrefois si fameuse…. la mere, & le centre des fornications & des abominations de la Terre.

Tantôt à la vûë de tant de milliers d'ames, qui excitées par ses soins, attirées par ses liberalitez, engagées par ses ordres reviennent comme autant de brebis égarées au Bercail de l'Eglise, obligées même quelquefois par une douce & salutaire violence, semblable à celle des Constantins, à l'égard des Ariens, & des Theodoses, à l'égard des Donatistes, si solidement, & si magnifiquement approuvée par S. Augu-*Epist. ad Vincent. 48. veteris edit. Cô- & Donist. Contr. &c. & ailleurs.* stin, je me figure les Israëlites sortis de la servitude de l'Egypte, sous Moyse & sous Josué, pour entrer dans la terre promise, où plûtôt de la captivité de

Babylone fous Zorobabel & fous Efdras, pour retour-
ner à leur chere Jerufalem. J'apperçois plus de deux
cens Eglifes bâties dans une feule Province, un grand
nombre d'autres qui s'élevent de tous côtez pour contenir ces difperfions d'Ifraël, qui faifant la joye des Pa-
fteurs qui les reçoivent, & des Ouvriers Apoftoliques
qui les ont enfantées à JESUS-CHRIST, relevent
avec un éclat merveilleux le merite du Souverain, dont
le pere des mifericordes s'eft fervi pour operer un fi
grand prodige, malgré les raifonnemens artificieux de
la fageffe humaine, les timides & fpecieux pretextes de
la politique du fiecle, toutes les oppofitions des De-
mons & des hommes.

LOUIS appliqué à exterminer ainfi avec le men-
fonge tous les vices de fes Etats, ne négligea rien pour
y faire entrer, ou pour y retenir toutes les vertus. Auffi
MESSIEURS, qu'eft-ce que les plus faints Evêques
ont pû lui demander, foit pour celebrer avec plus de
magnificence & de pieté, les folemnitez de la Religion,
foit pour fournir au foulagement des membres de
JESUS-CHRIST, foit pour procurer une honnête
fubfiftance à ces Ouvriers du Pere Celefte, qui travail-
lant à fa vigne dans les campagnes, portent le poids
du jour & de la chaleur, foit pour accoûtumer la jeu-
neffe dans les écoles Chrétiennes dès les prémices de
fes années, au joug du Seigneur par les inftructions de
la fageffe, foit pour former dans les Seminaires des Prê-
tres fans tache, religieux obfervateurs de fes volontez,
foit pour entretenir la regularité dans les Cloîtres, &
pour faire fleurir la difcipline dans l'Eglife. Qu'eft ce
que leur zéle a pû defirer de lui, que ce digne zélateur

Le Langue-
doc en 1686.

Pfal 146.
v. 2.

Mat. c. 20.
v. 12.

Thren. c. 3.
v. 27.

1. Mach. c. 4.
v. 42.

de la Loi de grace ne se soit fait un devoir de leur accorder? Sacrez Pontifes du Dieu vivant, vous ne l'oublierez jamais, & votre reconnoissance égale à votre zéle en perpetuera la memoire de siecle en siecle.

D'autres Princes après avoir purgé leurs Roïaumes de tant de monstres, & leur avoir procuré tant d'avantages, se reposeroient pour joüir en paix du fruit de ces travaux, ou plutôt de l'honneur de ces triomphes. Ne l'attendez pas du Fils aîné de l'Eglise; son zéle comme celui des Loüis & des Josias ne sçauroit être satisfait, si dans tous les endroits de l'Univers où l'on voit éclater des marques de son Empire, il ne fait éclater la gloire de l'Empire de JESUS-CHRIST.

Dans la Hollande, il ne triomphe que pour faire triompher la veritable Religion, en faisant arborer de toutes parts au lieu de trophées, l'étendart de la Croix. En Italie, une Piramide est élevée dans Rome pour reparer l'honneur de la France, glorieux monument de sa puissance & de sa grandeur! Il ne l'a fait abatre que pour relever la gloire du saint Siege, effet plus glorieux encore de sa sagesse & de sa pieté. Dans l'Alsace, il ne devient le maître de Strasbourg que pour y relever les Autels, y orner les Temples de presens magnifiques, & pour etablir sur les débris d'un culte superstitieux le vrai culte du Seigneur. Dans la Vvestphalie, il ne soûmet Munster par la force à la domination de son Prince legitime, que pour le soûmettre dans sa personne à la Jurisdiction de son legitime Pasteur. En Savoye, il n'entretient un Resident à Genêve, que pour y faire celebrer les redoutables Mysteres interrompus depuis plus d'un siecle dans cette nouvelle Samarie.

Laisserai-je l'Afrique où il ne donne la loi par la terreur de ses armes au Roi de Tunis, aux Corsaires de Tripoli & d'Alger, que pour en ouvrir les prisons, & pour en delivrer une infinité d'enfans de Dieu de l'esclavage de ces enfans du Demon? Oublierai-je l'Empire Othoman, où il ne fait respecter sa puissance, que pour défendre les Fidelles des insultes de ces ennemis du nom Chrétien, & pour mettre les Lieux saints à l'abri de leur impieté? Ne dirai-je rien des Indes, de la Chine, de Siam, du Japon, de la Perse, du Canada, des Regions les plus Barbares & les plus inconnuës, où il n'établit des Colonies, ne procure des Evêques, n'entretient des Missions d'hommes Apostoliques, que pour y introduire, ou conserver, ou augmenter la Religion?

Eglise & tout ensemble Epouse de Jesus-Christ, vos oracles ont associé les Constantins à la gloire des Apôtres. Ils ont nommé les Clovis les Predicateurs de la Foi, les Protecteurs de la Religion, les Evêques de leurs Peuples. Ils ont honoré même dans les Conciles Oecumeniques, les Marciens de leurs acclamations, & de leurs loüanges, pour avoir emploïé leur puissance à soûtenir vos interêts. Quelle recompense préparez-vous à nostre zelé Monarque, qui vous a non seulement défenduë, protegée, mais encore répanduë, ou du moins fait reverer dans tout l'Univers? Quelles palmes allez-vous présenter à ce Restaurateur de la Foi? De quels lauriers allez-vous couronner cet extirpateur des erreurs & des nouveautez profanes? Quel triomphe allez-vous décerner à cet exterminateur des duels, du vice, de l'impieté; à ce defenseur des droits inviolables & sacrez des têtes couronnées, foulez aux

F

Euseb. in vita Constant. c. 26. &c.

S. Remig. in Epist. ad Heracl. & Leo.

Concil. Chalc. Actione 6. Omnes clamaverunt Marciano novo Constantino, novo Paulo, novo David... Ecclesias tu erexisti, orthodoxam fidem tu confirmasti... Victor bellorum, Doctor fidei.

pieds par l'heresie, à ce digne zélateur de la Loi du Dieu vivant? N'est-ce pas avec justice que vos souverains Pontifes l'appellent le puissant Protecteur de la Religion, le vengeur intrepide des veritez orthodoxes, la lumiere, l'ornement & la gloire la plus éclatante de notre siecle? n'est-ce pas avec raison qu'ils reconnoissent qu'ils ne sçauroient répondre à la grandeur de son merite par la magnificence de leurs éloges? Car enfin peu content d'avoir fait regner JESUS-CHRIST par l'ardeur de son zéle dans tous les endroits où s'est étendu sa puissance, a-t-il rien épargné pour le faire regner dans son cœur par une sincere & solide pieté?

Mais avant que de l'exposer à vos yeux, ne dissimulons pas des foiblesses qu'il a condamnées lui-même, & que les ennemis de son Empire, aussi bien que de la Religion, s'efforcent d'opposer à ses vertus pour ternir l'éclat de sa gloire. Mais reconnoissons en même tems les nôtres dans l'amertume de notre cœur. Enfans de colere que nous sommes, plutôt condamnez à la mort que nez, qu'avons-nous de nous-mêmes? Rien, si ce n'est, disent les Conciles, l'ignorance & l'iniquité. De quoi sommes-nous capables? De rien, si ce n'est, répond le Prophete Isaïe, de pecher & de mentir au Seigneur. *Iniquitates noftras cognovimus, peccare & mentiri contra Dominum.* Fussions-nous même assez heureux pour être debout, toûjours exposez à nous trahir nous-mêmes, pour nous trop aimer, tremblons dans la crainte de tomber & de perir. Fussions-nous les plus justes des mortels, ne l'oublions jamais, les hommes les plus vendus à l'iniquité, ne sont que des ombres de ce que nous serions, si le Seigneur se retiroit de nous, & re-

Ephef. c. 2. v. 3.

Concil. Arauf. Can 22. Nemo habet de suo, nisi mendacium & peccatum.

Isai. c. 50. v. 13.

1. Cor. c. 10. v. 11.

1. Mach. c. 1. v. 16.

connoiſſons avec ſaint Auguſtin comme pardonnées par ſa clemence les infidelitez que ſa grace ne nous a pas permis de commettre. Foibles images de ſa bonté, de ſa patience, de ſa pureté, de ſa miſericorde, tandis que ce Soleil de juſtice daigne nous regarder ! Glaces fragiles qui repreſentons, quoique trés-imparfaitement ſes perfections adorables, il n'eſt pas neceſſaire qu'il nous mette en pieces pour en effacer, les traits ; qu'il détourne ſeulement les yeux de nous, il ne reſte plus rien.

Que toute ame donc s'humilie, ſe confonde, s'aneantiſſe ſous la main puiſſante du Seigneur : Telle eſt la foibleſſe auſſi-bien que la miſere des enfans d'Adam, telle eſt la nôtre, telle a été celle du grand Roi que nous regrettons. Car envain m'efforcerois-je de vous détourner davantage de cette penſée pour l'éloigner de vos eſprits. Ce Soleil de la France, avoüons-le, Messieurs, a ſouffert ſes éclipſes d'autant plus ſenſibles, qu'il étoit plus éclatant. Mais n'y a-t-il pas long-tems qu'elles ſont finies ? Ce Salomon de nos jours a mis des taches à ſa gloire ; mais en a-t-il laiſſé comme ce plus ſage des Rois des veſtiges criminels après lui ? A-t-il fallu envoyer un Nathan à cet autre David, pour le faire rentrer en lui-même ? A-t-il cherché aux depens de ſa foi, comme vous, déplorable pécheur, des excuſes à ſes égaremens, dans les raiſonnemens des impies ? A-t-il attendu comme vous juſqu'à la fin de ſa vie, à les effacer par ſa douleur & ſes regrets. J'en atteſte icy les Auteurs les plus ſinceres & les témoins les plus irreprochables, au milieu du ſejour le plus ſeduiſant & le plus oppoſé à la pratique des vertus chrétiennes,

1. De ſancta Virgine, c. 40. Deputate vobis tanquam omni-rò donatum, quidquid à vobis mali non eſt illo regente Commiſſum.

1. Pet. c. [?]. v. 6.

Eccl. c. 47. v. 22.

2. Reg. c. 12.

au comble des grandeurs & des felicitez humaines,
dans la force de fon âge, n'a-t-il pas genereufement
renoncé à tous les engagemens contraires à la pureté
de fon cœur? Combien de fois depuis tant d'années
ne s'eft-il pas jetté avec la confiance & l'humilité du pa-
ralitique, dans la pifcine falutaire de la penitence, pour
fe purifier de fes pechez? Combien de fois n'a-t-il pas
puifé avec l'ardeur & la pieté des véritables fidéles, dans
les Tréfors de l'Eglife pour en expier les peines?

Faloit-il après cela, faloit-il ô mon Dieu! que la
malignité de l'herefie, que la corruption même du
fiécle m'obligeaffent de rappeller au fouvenir de mes
Auditeurs des fautes que votre mifericorde a pardonnées, que votre fang a effacées, que votre juftice felon votre parole a jettées au plus profond de la mer,
afin de les oublier? N'y a-t-il pas même de l'injuftice
à le faire, puifque votre fageffe à laquelle rien ne
fçauroit être caché, protefte qu'elle ne veut plus jamais s'en fouvenir? *Omnium iniquitatum ejus, quas opera-*
tus eft, non recordabor.

Enfeveliffons donc, M E S S I E U R S, à l'imitation
du Dieu même, qui juge les juftices, enfeveliffons
ces idées dans l'abîme d'un éternel oubli, & ne nous
fouvenons plus que de la Religion & de la pieté de
notre augufte Monarque. Mille vertus en foule viennent s'offrir de toutes parts à ma penfée pour en relever la gloire. Mais aurai-je feulement le tems de
vous en faire fimplement le recit. D'un côté, je remarque la vivacité de fa foi, elle m'inftruit; de l'autre, fa regularité dans les devoirs de la Religion, elle
m'édifie; ici fa patience invincible au milieu des af-

flictions, & des douleurs les plus vives & les plus ai-
guës, j'en suis penetré. Là sa reserve dans les paroles,
sa clemence envers les vaincus, sa douceur envers ses
ennemis, j'en suis étonné. En cet endroit sa soumission parfaite aux décisions de l'Eglise, sa veneration
profonde pour les solemnitez du Seigneur, sa fidéli-
té constante à recevoir souvent & toûjours avec une
pieté exemplaire, le pain celeste, qui fait les delices des
Rois, & la nouriture des Anges, elles me consolent, elles
me charment, elles m'enlevent; ne vous toucheront-el-
les pas? Et spectateurs oisifs, ou steriles admirateurs de
ces perfections, bornerez-vous votre zéle à les admirer, ou à les reconnoître sans vous mettre en peine d'en
profiter? Je laisse ses égards pour les ministres du
Dieu vivant, sa deference pour les Pasteurs de son
Peuple, son aversion pour les impies & leur impieté,
son estime pour la vertu & pour les personnes solidement vertueuses. Car dans une matiere si feconde en
merveilles ne vouloir rien omettre, ce seroit tenter
l'impossible. Mais ne m'accuseriez-vous pas de déro-
ber une partie de sa gloire, si je ne touchois son attention respectueuse aux instructions des Ambassadeurs de Jesus-Christ, son assiduité surprenante aux adorables Mysteres, sa scrupuleuse exactitude
à la priere, qui lui faisoit presenter tous les jours les
genoux en terre, le sacrifice de ses lévres au Roy
des Rois, le matin pour lui offrir avec l'Eglise les
prémices & les actions de la journée, le soir pour lui
consacrer avec elle le repos de la nuit.

Que vous dirai-je, ou plûtôt que ne vous dirai je
pas? Plein d'amour pour Jesus-Christ, dès sa

plus tendre jeuneſſe, il s'eſt offert avec ardeur à ſe
depoüiller de la pourpre des Rois, pour reparer
avec le triſte appareil & dans la poſture humiliante
d'un criminel les outrages faits a ce divin Sauveur,
dans le plus auguſte de nos Sacremens. On l'a entendu au plus haut point de ſa gloire, penetré de veneration pour le S. Siége, quoi qu'offenſé dans la
perſonne de ſon Ambaſſadeur, malgré les Conſeils
tumultueux de ſa Cour indignée contre celle de Rome, on l'a entendu s'écrier ſur le Trône, à peu près
comme David dans la Caverne d'Engaddi ; *Quoique les
Peres ne fuſſent pas toûjours leur devoir, les Enfans doivent
toûjours être ſoûmis.* On l'a vû preſque dans tous les
temps dévoré du zéle de la maiſon du Seigneur, en
empêcher les irreverences par la ſeverité de ſes Loix,
les arrêter par la ſainteté de ſes exemples, les repri-
mer par la ſageſſe de ſes avertiſſemens. On l'a enfin
admiré dans les dernieres années de ſa vie à la vûë
des ſoutiens de ſa famille Royale precipitament ren-
verſez les uns ſur les autres dans l'horreur du tom-
beau, ſacrifiant la tendreſſe & la bonté du Pere à la
reſignation des Enfans de Dieu, & comme le plus juſte
& le plus affligé des mortels, adorant humblement la
main de l'Arbitre abſolu de la vie & de la mort.

A ces mots de vie & de mort, de vie ſi glorieuſe,
de mort ſi triſte aux yeux des hommes, quoique
ſi precieuſe aux yeux du Seigneur ; quel lugubre, quel
douloureux ; mais quel édifiant ſpectacle s'ouvre ici
à mes yeux ! Notre Religieux Monarque, eſt averti
de ſes approches, il s'en apperçoit lui-même. Mais loin
d'en être effraïé comme le Roi Saül, d'en être pene-

1. Reg. c. 24.

Pſal. 68. v. 10.

Pſal. 115 v. 15.

tré jufqu'à verfer des larmes comme le Roi Ezechias,
d'en être troublé comme le Roi Agag, toûjours invincible, toûjours inébranlable, il la voit cette mort
infiniment plus affreufe, quand elle fe montre froide-
ment aux Heros dans le lit de la douleur, que quand
elle fe prefente à leurs yeux dans la chaleur du Combat, il la voit d'un efprit ferme & tranquille, mais
toûjours en humble fidéle ; & fi la fageffe l'a fait regner en grand Monarque, fi la valeur l'a fait triompher en fameux Heros, la Religion le fait mourir en
parfait Chrétien.

Soïez attentifs, MESSIEURS, ce qu'il va faire
merite l'attention de tous les Peuples, & de tous les
Souverains de l'Univers. Mais feroit-il poffible à l'éloquence même, de le raporter fans l'affoiblir ? Au milieu des foupirs & des larmes d'une Cour défolée, auffi paifible que s'il n'en étoit pas le fujet, ce Jacob fur
le point d'expirer affemble fon augufte famille avec les
Princes de fon Peuple ; il les exhorte en general au
fervice du Roi des Rois, & leur faifant, pour les con-
foler, l'abregé de leurs devoirs avec les dernieres, mais
les plus vives & les plus précieufes marques de fa ten-
dreffe & de fa confiance ; il leur donne à chacun en
particulier les benedictions qui leur font propres. Occupé fans inquietude, ce David également au-deffus
du nombre des années & des douleurs de la mort qui
l'environnent, donne des ordres de la plus haute im-
portance pour le repos de fon Roïaume, avec autant
de prefence d'efprit & de facilité, que dans l'âge le
plus floriffant, & la fanté la plus vigoureufe. Infpiré
comme le plus faint de nos Rois, d'une fageffe qui

tient plus du Ciel que de la terre, ce Tobie decou-
vrant les écueils de la Cour, le ncant des grandeurs
humaines, la veritable gloire des Serviteurs du Dieu
vivant, inftruit dans la perfonne de fon petit-Fils & de
l'hcritier de fa Couronne, fa pofterité glorieufe, de
l'art de regner dans le temps, & dans l'éternité.

Approchez, quique vous foïez, Chrétiens, du lit de
ce Roi mourant, c'eft le vôtre, pour apprendre à mourir ; ou plûtôt pour apprendre à ne pas differer de jour
en jour à bien vivre ; fi vous voulez bien mourir.
Amateurs du fiécle vous regardez les Sacremens dans
vos maladies, comme des mifteres de mauvais augu-
re, qui vont vous arracher tous vos biens, & vous arracher vous-mêmes à la vie, jettez les yeux fur
LOUIS LE GRAND. Comme depuis plufieurs an-
nées il a fait de fa vie même, l'apprentiffage de la mort,
en s'y preparant par l'éloignement des plaifirs de la
Cour, & par l'accompliffement des devoirs d'un veritable Chrétien, il les fouhaite ; mais dans quelle dif-
pofition ? Après avoir repaffé toutes les années de fa
vie dans l'amertume de fon ame, tremblant devant
le Seigneur à la feul penfée de quelques-uns de fes
triomphes, dans la crainte que le defir de la gloire n'y
ait eu plus de part que le zéle de la juftice, ou le motif
de la neceffite. Revêtu des armes de la lumiere, il les
demande, mais avec quel empreffement ? Comme des
moïens neceffaires pour triompher des ennemis de
fon falut, efficaces pour arriver au bonheur de l'éternité. Gens du monde, vous en approchez ; mais fouvent, helas, que trop fouvent ! avec une Criminelle
indifference. Contemplez ce pieux Monarque, il les

reçoit,

reçoit, mais avec quelle élevation de foi ? Quelle ardeur de charité ? Quelle fermeté d'esperance ? Quelle
soif de la justice ?

* Sacré Pontife du Tout-puissant qui les lui admini-
strez , interrompez les paroles de vie que vous faites
couler comme la pluïe & la rosée , dans son ame, il vous
arrête. Laissez sortir de la bouche de ce Heros, prepa-
ré par le Seigneur, au milieu des soûpirs, les actes,
les sentimens, les expressions les plus vives & les plus
tendres, d'une pieté sincere, que son cœur fait voler
à tous momens au Trône de la grace, il ne sçauroit les
retenir. A peine ce cœur plus vaste que l'Univers, depuis long-temps rassasié de la gloire du monde, &
maintenant uniquement attentif à celle de son Créateur , à peine ce grand cœur, ce Roïal cœur, ce cœur
veritablement digne d'un Roi Très Chrétien, peut-il
suffire à ses desirs, à ses regrets, à sa tendresse, à sa
reconnoissance, à sa douleur , à son amour.

Ambassadeurs de JESUS-CHRIST, ne lui demandez pas comme les Envoïez de la Synagogue au plus
grand des hommes, ce qu'il dit, ce qu'il pense de lui-
même ; ce plus grand des Rois se declareroit volon-
tiers le plus grand des pecheurs. Glorieuse victime de
l'humilité Chrétienne, il se reconnoît comme un insi-
gne criminel, indigne de la divine misericorde ; humble & fidele enfant de l'Eglise, il y espere tout couvert
& tout penetré qu'il est du sang de l'Agneau sans tache.

Envain s'efforce-t-on de le consoler, saintement in-
consolable d'avoir tant offensé le Dieu qu'il adore en
esprit & en verité, quoiqu'il se promette avec autant

de picté que de refpeét, de confiance que de crainte,
d'humilité que d'ardeur, le pardon de fes pechez, il
ne fçauroit fe les pardonner à lui-même : tant eft
grande l'amertume de fa penitence ! Envain lui offre-
t-on les prieres de l'Eglife pour le retour d'une fanté
auffi précieufe que la fienne ; loin de ce cœur difpofé
à la mort les defirs du jour de l'homme, il ne foupire
qu'après le jour du Seigneur, qu'après le bonheur
éternel. *Ne lui demandez pas autre chofe*, s'écrie-t-il dans
les fentimens du Roi Prophete, dégagé des créatures,
occupé de Dieu feul, *Je la lui demande uniquement & de*
tout mon cœur, & j'ofe l'efperer de fa bonté infinie. Unam
petii à Domino, hanc requiram ut inhabitem in domo
Domini. *Oüi, tout pecheur que je fuis*, continuë ce Religieux Monarque, *j'efpere en la mifericorde de mon Dieu,*
obtenez-la moi, s'il vous plaît, par vos prieres.

Pfal. 26.
v. 4.

Officiers de fa Couronne, Princes & Princeffes de
fa Cour, Generaux de fes Armées, magnanimes appuis
de fon Thrône, fages dépofitaires de fon autorité, Juges de la terre, Sujets fideles, ames pieufes & Chretiennes, Vierges de J E S U S-C H R I S T, & vous principalement, Miniftres du Dieu vivant, à qui il s'adreffe
dans la perfonne d'un vertueux & zelé Pafteur, ce fe-
roit faire tort à votre pieté que de vous y exhorter ;
avec quelle ardeur ne vous emprefferez-vous pas de
répondre à fes defirs ?

M. le Curé
de Verfailles.

Depuis cet heureux moment, fon efprit, fon cœur,
fes yeux, fa bouche, fes regards, fes prieres, auffi bien
que fes penfées, tout fe réünit au bonheur de l'éternité. Rempli de cette humble confiance, il expire au
milieu de la Paix qu'il avoit demandée avec tant d'in-

stance au Pere des misericordes, il expire, aurai-je
encore assez de force pour le repeter, mes freres? Le
repos, la gloire, le bonheur de la France ne vont-ils
pas expirer avec lui? Il expire enfin, ce Roi si sage, si
vaillant, si religieux; il expire dans le baiser du Seigneur avec le seul regret de l'avoir offensé, la seule
douleur de ne l'avoir pas assez aimé.

A la vûë d'une mort si sainte devant les hommes,
si precieuse même devant le T R E S-H A U T, toute la
Cour éplorée retentit de ces paroles, il a fait ce G R A N D
R O Y des prodiges pendant sa vie, & des merveilles à
sa mort. Que le monde, & l'Eglise, aussi bien que
ce Royaume en retentissent aprés elle. *In vita sua fecit* *Eccli. c. 48.*
monstra, & in morte sua mirabilia operatus est. Ainsi ce So- *v. 15.*
leil de la France semblable à celui de la nature, qui sur
le point de nous quitter, jette un éclat plus brillant
& plus vif, s'élevant au dessus de lui même, quelque
grand qu'il ait été durant son Regne, couronné par
les mains de la Sagesse & de la Victoire, il a paru encore plus grand sur la fin de sa vie, couronné plus glorieusement que jamais, & pour toûjours par les mains
de la Religion.

Venez maintenant rendre justice à la verité, M E S-
S I E U R S, dans un temps où il n'y a plus ni flaterie à
craindre pour vous, ni vanité pour lui. Annoncez har-
diment la gloire de L O U I S L E G R A N D parmi les
Nations, & ses merveilles au milieu de tous les peuples.
Annuntiate inter gentes gloriam ejus, in omnibus populis mirabi- *Psal. 95.*
lia ejus. La carriere est ouverte; l'esprit de Dieu qui par- *v. 3.*
roît defendre les loüanges durant la vie, les autorise
aprés la mort. Poëtes donnez l'essor à vos imagina-

tions, Orateurs employez tous vos artifices. Ce sera beaucoup si vous avez le bonheur d'en approcher. Des Volumes entiers ne suffiroient pas à raconter les actions admirables de sa vie, comment de courts & de foibles éloges pouroient-ils suffire à les relever.

Annuntiate, &c. Representez-le sur le Trône, fidele dans ses promesses, magnifique dans ses récompenses, ferme dans ses résolutions, sacrifiant ses plaisirs à ses devoirs, & son repos au bonheur de son Royaume, pourvoyant à tout par sa vigilance, reglant tout par sa sagesse, se trouvant par tout & suppléant à tout par son activité, Juge équitable, sage Legislateur, Pere tendre & aimable de son auguste Famille, & de son Peuple, Maître doux, prudent, moderé de ses Sujets, plus Maître encore de lui même.

Annuntiate, &c. Montrez-le à la tête des Armées, infatigable dans les veilles & dans les travaux, intrepide au milieu des plus grands perils, Triomphant par sa conduite & par sa Valeur des Puissances de l'Europe conjurées contre lui, les effrayant par la rapidité de ses conquêtes, reglant dans la guerre & dans la Paix la destinée de leurs Etats & de leurs Empires; d'une ardeur & d'une vivacité surprenante dans les Sieges, & dans les Assauts, d'une prudence & d'une moderation merveilleuse dans la Victoire, toûjours Vainqueur de ses ennemis quand il les attaque en personne, toûjours Vainqueur de lui-même quand le succez n'a point repondu à la valeur de ses Capitaines.

Annuntiate, &c. Faites-le paroître dans l'Eglise plein de zele pour la gloire du Seigneur, de soumission pour les veritez de la Foy, d'ardeur pour la pureté de la

Doctrine, de résignation aux ordres du Ciel, de veneration pour les Loix & les moindres pratiques de la Religion. Peignez à ses pieds l'heresie abbatuë, l'usure fletrie, le duel puni, le blasphême reprimé, l'impieté confonduë. Representez à ses côtez les Monasteres les plus fameux qu'il a fondez, les Hôpitaux les plus superbes qu'il a établis, les Autels les plus pompeux, les Chapelles les plus augustes, & les Temples les plus magnifiques qu'il a ornez ou élevez au Seigneur, les Monarques les plus Religieux indignement detrônez, qu'il a glorieusement soûtenus. Mettez dans son cœur la justice, la patience, la douceur, l'integrité, la penitence, l'humilité, la confiance, en un mot la pieté Couronnée par une mort tranquille & Chrétienne, glorieux caractere des prédestinez dans la pensée de saint Augustin, qui nous donne lieu *Tract 9. in ep. 1. Joan.* de tout esperer pour son salut du Pere des misericordes. *Annuntiate, &c.* Décrivez la renommée volant avec une nouvelle rapidité d'un Pole du monde jusques à l'autre, pour remplir tout l'Univers des actions étonnantes de sa vie, & des merveilles édifiantes de sa mort.

Surtout ne manquez pas d'ajouter à la gloire de ce Religieux Monarque, celle du premier Prince de son sang, dont il a fait present à la France, de concert avec le Ciel & la Terre, pour la consoler dans une affliction si douloureuse, pour tenir après lui les *Son Altesse Royale Monseigneur le Duc d'Orleans Regent du Royaume.* Rênes de l'Empire, pendant la minorité du nouveau Roi, pour servir en un mot de Joseph à ce Roïaume, de Joyada même à ce jeune heritier de la Couronne. N'apprehendez point d'être suspects de flaterie, quelque chofe que vous en puiſſiez dire, il n'eſt gueres d'efprits, ni de cœurs en France, qui penetrez de ſes merveilleuſes qualitez ne l'aïent fait dire avant vous, il n'en eſt point qui ne le faſſent repeter après vous avec des applaudiſſemens & des aclamations. N'eſperez pas même de le montrer tout entier, il ſera toûjours au-deſſus de vos loüanges. Ses talens, ſes vertus, ſes actions ſeules, comme celles du prodige de ſageſſe *Prov. c. 31.* & de force dont parle l'Ecriture, feront toutes ſeules *v. 31.* dignement & éternellement ſon éloge.

Uniſſez-vous enfin, réüniſſons-nous même tous enſemble pour nous adreſſer au Dieu de toute conſolation avec la priere du Prophete en faveur du nouveau Roi, que ſa bonté paternelle au milieu de ſa juſte co- *Habac. c. 3.* lere contre nos iniquitez, nous a reſervé comme un *v. 2.* autre Joas, dans ſa miſericorde.

Pſal. 19. Conſervez-nous, Seigneur, conſervez à la poſterité *v. 10.* même qui doit nous ſurvivre, un preſent ſi cher & ſi précieux. Communiquez à ce jeune Roi, la droiture de vos jugemens, à ce Fils auguſte de tant de Rois, la lumiere de votre juſtice. *Deus, judicium tuum Regi da, & Pſal. 71. juſtitiam tuam filio Regis.* Faites que, comme ſon merite *v. 2.* ſurpaſſe de beaucoup ſes années, croiſſant de joür en *Luc. c. 2.* jour en ſageſſe & en grace, auſſi-bien qu'en âge, ſes *v. 52.* œuvres, ſa vie, ſon Regne ſurpaſſent encore de plus loin nos eſperances. Comme il vous a plu de réünir dans l'homme le dernier de vos ouvrages, mais le chef-d'œuvre de vos mains, les perfections de tous les êtres que vous aviez créez pour en faire votre image: réüniſſez, ſouverain Dominateur du Ciel & de la terre, *Prov. c. 21.* vous qui tenez également entre vos mains les cœurs *v. 1.*

des Rois & la deſtinée des Roïaumes, réüniſſez dans ce dernier de nos Rois, les vertus & les belles qualitez de tant de Monarques, dont le ſang coule dans ſes veines.

Accordez-lui la vive foi des Clovis, la haute valeur des Charlemagnes, la ſainteté miraculeuſe des Loüis, la ſageſſe admirable des Philippes Auguſtes, l'heroï-que intrepidité des Henris, l'extrême bonté de ſon Ayeul, la rare pieté d'un Pere, dont le monde n'étoit pas digne, & que vous n'avés pas laiſſé vivre aſſés long-temps pour être couronné par les hommes ſur la terre, afin de le couronner vous-même, & plutôt & pour jamais dans vos tabernacles éternels : en un mot, accordez-lui avec toutes ces vertus le bonheur, la gloire & les perfections de LOUIS LE GRAND ; car, ô mon Dieu ! que peut-on ſouhaiter dans un particulier pour le faire diſtinguer, dans un Prince pour le faire obéir, dans un pere pour le faire aimer, dans un Conquerant pour le faire craindre, dans un Heros pour le faire re-verer, dans un Souverain pour le faire exalter, dans un mortel pour le faire admirer ; que votre Providence également liberale & magnifique, n'ait mis en lui d'une maniere éminente ; & prononcer ſon éloge, Seigneur, n'étoit-ce pas publier vos merveilles ?

Touchez en même-temps, ô Dieu, d'amour & de bonté, touchez les cœurs de ſes Sujets, touchez ſurtout les nôtres de la plus vive impreſſion de vos gra-ces, comme vous avez autrefois touché ceux d'une partie de votre peuple ; pour les rendre plus ſoumis aux ordres du premier Roi, que votre indulgence venoit d'accorder à leurs deſirs, afin que rempliſſant avec plus

Le Dauphin auparavant Duc de Bourgogne.

d'attention, d'exactitude, de ferveur, de pieté que ja-mais, les devoirs & de fideles Sujets des Rois de la terre, & de zélez serviteurs de votre adorable Majesté, nous rendions conformément à votre parole, à Cesar, ce qui appartient à Cesar, à vous, ô mon Dieu, ce qui vous appartient.

Matth. c. 22. c. 21.

A P P R O B A T I O N.

C'Est une espece de consolation après la perte d'un Roi le plus respectable & le plus cheri, de conserver la memoire de sa vie, & le recit de ses actions heroïques & chretiennes dans un monument sacré & fidelle, tel que cette Oraison Funebre prononcée dans l'Eglise de Chartres par un Orateur qui étoit digne de traiter un sujet si grand & si magnifique, ce qu'il me paroît avoir executé avec l'éloquence la plus exacte, & un goût plein de discernement. Le Public doit lui sçavoir g é du present qu'il lui fait, & je ne vois rien qui en puisse empêcher l'impression. Fait à Paris le 26. Mars 1716.

Signé, FEU, Curé de saint Gervais.

Fautes survenuës dans l'Impression.

Page 10. *à la marge en* 1681. *ajoûtez* on navige tout le Canal de la Mediterranée à l'Ocean. *pag.* 11. *l.* 27. *lisez* fust-ce dans ceux. *p.* 14. *l.* 13. *lisez* ne passe-je pas. *p.* 38. *à la marge lisez* veteris Edit, & ad Bonifac. Comit. 50. &c. *p.* 37. *à la marge en* 1646. *ajoûtez* & en 1662.